suhrkamp taschenbuch 1007

Federico García Lorca ist am 5. Juni 1898 in Fuente Vaqueros geboren und am 19. August 1936 bei Granada von Falangisten ermordet worden.
Der spanische Dichter war Sohn einer Lehrerin und eines liberalen Großgrundbesitzers. Er studierte intensiv und lange Musik bei Antonio Segura und Manuel de Falla. Später studierte er Jura, Philosophie und Literatur in Granada, Madrid und an der Columbia Universität in New York. Seit 1919 lebte er in Madrid. Lorca hatte Kontakt zu vielen zeitgenössischen Künstlern, u. a. zu: Guillén, Salvador Dalí, Dámaso Alonso, Cernuda, Salinas, Otiz. Nach einer Europareise war García Lorca 1929/30 in den USA, 1933/34 in Argentinien.
Die Wiederentdeckung des Reichtums der spanischen Volksmusik, der Volkslieder und -tänze durch Komponisten wie Manuel de Falla lenkte die Aufmerksamkeit des jungen García Lorca auf die dichterischen Werte des *cante jondo,* dieser vorwiegend von den Zigeunern gepflegten, in Andalusien beheimateten Kunstform. Diese »gesungene Prosa« drückt das Pathos des Schmerzes, lastende schicksalsschwere Traurigkeit und Allgegenwart des Todes aus oder stimmt die Klage unerfüllter Liebe an, besingt aber auch leicht und graziös die andalusische Landschaft.

Federico García Lorca
Dichtung vom Cante Jondo

Dichtung vom tiefinnern Sang

Deutsch von Enrique Beck

Suhrkamp

Titel des spanischen Originals: *Poema del Cante Jondo*
Einzige autorisierte Übersetzung aus dem Spanischen
Umschlagfoto von Jordi und Jaime Blassi

suhrkamp taschenbuch 1007
Erste Auflage 1984

Lizenzausgabe mit freundlicher Genehmigung
des Insel Verlags, Frankfurt am Main
Suhrkamp Taschenbuch Verlag

Druck: Nomos Verlagsgesellschaft, Baden-Baden
Printed in Germany
Umschlag nach Entwürfen von
Willy Fleckhaus und Rolf Staudt

1 2 3 4 5 6 – 89 88 87 86 85 84

Kleine Ballade von den drei Flüssen

Für Salvador Quintero

Durch Oliven und Orangen
strömet der Guadalquivir.
Die zwei Flüsse von Granada
stürzen sich vom Schnee zum Weizen.

O Liebe,
die ging und nicht kam!

Der Guadalquivir hat Bärte
von der Farbe des Granates.
Aber Klage sind und Blut
die zwei Flüsse von Granada.

O Liebe,
in Lüften vergangen!

Einen Weg für Segelschiffe
hat Sevilla. Doch Granada –
auf den Wassern von Granada
rudern einsam nur die Seufzer.

O Liebe,
die ging und nicht kam!

Wind im Haine der Orangen,
hoher Turm, Guadalquivir.

Dauro und Genil sind Türmchen,
die schon bei den Teichen enden.

O *Liebe,*
in Lüften vergangen!

Wer wohl sagt, das Wasser trüge
Schreie, die wie Irrlicht zucken!

O *Liebe,*
die ging und nicht kam!

Nein, es trägt Orangenblüten,
trägt Oliven, Andalusien,
deinen beiden Meeren zu.

O *Liebe,*
in Lüften vergangen!

Gedicht
von der Zigeuner-Siguiriya

Für Carlos Morla Vicuña

Landschaft

Des Ölbaums
Gelände
entfaltet und schließt sich
gleich einem Fächer.
Überm Ölgehölz
sinkt ein Himmel nieder,
und es fällt ein dunkler
Regen kalter Sterne.
Am Flußgestade zittern
nun Schilf und Dämmerschatten.
Es kraust die graue Luft sich.
Die Oliven
sind beladen
mit Schreien.
Ein Schwarm von Vögeln,
von eingefangnen Vögeln,
welche ihre langen, langen
Schwänze im Düstern regen.

Die Gitarre

Die Klage erhebt sich,
das Weh der Gitarre.
Es brechen die Becher
des grauenden Morgens.
Die Klage erhebt sich,
das Weh der Gitarre.
Sie zu schwichten ist unnütz.
Sie zu schwichten –
unmöglich.
So eintönig weint sie
wie weinendes Wasser,
wie weinender Wind
über den Schneewehn.
Sie zu schwichten –
unmöglich.
Dinge beweint sie,
die fern sind.
Des Südwindes Sand, der heiß ist
und weiße Kamelien fordert.
Beweint den Pfeil ohne Ziel,
den Abend ohne den Morgen,
den ersten gestorbnen Vogel
auf dem Gezweige.
O Gitarre!
Du Herz, das von fünf Schwertern
zu Tod verwundet.

Der Schrei

Eines Schrei's Ellipse
geht von Berg
zu Berg.

Und wird vom Ölhain an
ein schwarzer Regenbogen
auf der azurnen Nacht.

Ay!

Wie ein Violenbogen
hat lange Windessaiten
der Schrei erschwingen machen.

Ay!

(Aus ihren Höhlen leuchten
die Leute mit dem Öllicht.)

Ay!

Die Stille

Höre, hör, mein Kind, die Stille.
Eine Stille, die gewellt ist,
eine Stille,
darin Getal und Echos gleiten,
und die zu Boden neiget
aller Stirnen.

Die Siguiriya zieht vorüber

Zwischen schwarzen Schmetterlingen
geht ein dunkelbraunes Mädchen
neben einer weißen Schlange
aus Nebel.

Erde wie Licht,
Himmel wie Erde.

Geht gekettet an das Beben
eines Rhythmus, der nie ankommt;
hat ein Herz aus lautrem Silber,
in der Rechten einen Dolch.

Erde wie Licht,
Himmel wie Erde.

Wohin gehst du, Siguiriya,
mit dem Rhythmus ohne Kopf?
Welcher Mond nimmt auf wohl deinen
Schmerz von Kalk und Rosenlorbeer?

Erde wie Licht,
Himmel wie Erde.

Nachdem sie vorübergezogen ist

Die Kinder schauen
nach einem fernen Punkt.

Das Lampenlicht wird schwächer.
Nur ein'ge blinde Mädchen
befragen nun den Mond,
und durch die Lüfte steigen
Spiralen weher Klagen.

Die Berge schauen
nach einem fernen Punkt.

Und danach

Die Labyrinthe,
die zeiterschaffnen,
zergehn ins Nichts.

(Einzig bleibet
nur die Öde.)

Das Menschenherz,
Quelle allen Wunsches,
zergeht ins Nichts.

(Einzig bleibet
nur die Öde.)

Der Wahn des Morgenrotes
und die Küsse
zergehn ins Nichts.

Einzig bleibet
nur die Öde.
Eine Öde,
die gewellt ist.

Gedicht von der Soleá

Für Jorge Zalamea

Trockne Erde

Trockne Erde,
ruhige Erde
unendlicher
Nächte.

(Wind in den Oliven,
Wind auf den Berghöhn.)

Alte
Erde
des Öllichts
und der Pein.
Erde
der tiefinnern Zisternen.
Erde
des Todes ohne Augen
und der Pfeile.

(Wind auf allen Wegen,
Brise durch die Baumalleen.)

Dorf

Auf kahlem Bergesrücken
ein Passionsweg.
Klares Wasser,
Oliven, hundertjährig.
In schmalen Gäßchen
eingemummte Männer,
und auf den Türmen
drehn sich Wetterfahnen.
Drehen sich immer
und ewig.
O verlornes Dorf du
im klagevollen Andalusien!

Dolch

Der Dolch
dringt tief ins Herz hinein
so wie die scharfe Schar des Pfluges
in das Brachfeld.

Nein.
Schlag ihn mir nicht ein.
Nein.

Der Dolch
entzündet wie ein Strahl
der Sonne die verborgnen
grausen Schluchten.

Nein.
Schlag ihn mir nicht ein.
Nein.

Kreuzweg

Wind aus dem Osten;
Straßenlicht,
und der Dolch
zutiefst im Herzen.
Die Straße
ist scharf durchzittert
wie eine Saite
in Spannung,
sie erbebt
wie eine Riesenfliege.
Sei's, wo es sein mag –
ich
seh den Dolch
zutiefst im Herzen.

Ay!

Einen Schatten von Zypresse
hinterläßt der Schrei im Wind.

(Auf diesem Felde laßt mich
in Tränen.)

Alles auf der Welt zerbrach.
Nichts bleibt übrig als die Stille.

(Auf diesem Felde laßt mich
in Tränen.)

Lichtlos ist der Horizont
und benagt von Flackerfeuern.

(Ich habs euch schon gesagt, verlaßt mich
auf diesem Felde
in Tränen.)

Überraschung

Auf der Straße blieb er liegen,
tot, mit einem Dolch im Herzen.
Keinen gab es, der ihn kannte.
Wie die Straßenlampe bebte!
Mutter.
Wie die kleine Lampe bebte
an der Straße!
Morgengrauen. Niemand konnte
sich in seinen Augen zeigen,
die der harten Luft geöffnet.
Denn tot ja lag er auf der Straße
mit einem Dolch ja in der Brust,
und 's gab ja keinen, der ihn kannte.

Die Soleá

Angetan mit schwarzen Schleiern
denkt sie sich, die Welt ist winzig
und das Herz ist unermeßlich.

Angetan mit schwarzen Schleiern.

Denkt sie, daß der schwache Seufzer,
daß der Schrei dahin auch schwinde
in des Windes langem Strome.

Angetan mit schwarzen Schleiern.

Der Balkon blieb weit geöffnet,
und durch ihn ergoß der ganze
Himmel sich beim Morgengrauen.

Ay yayayayay,
ganz angetan mit schwarzen Schleiern!

Höhle

Aus der Höhle dringen
gezogne Seufzer.

(Das Tieflila
auf dem Hochroten.)

Der Zigeuner beschwört
urferne Länder.

(Hohe Türme und Menschen
voller Geheimnis.)

In der unterbrochnen Stimme
gehn seine Augen.

(Das Schwarze
auf dem Hochroten.)

Und die gekälkte Höhle
zittert im Golde.

(Das Weiße
auf dem Hochroten.)

Begegnung

Nicht du bist vorbereitet
und nicht ich, einander
zu begegnen.
Du . . . weißt ja wohl, warum.
Wie hab ich sie geliebt!
Folg diesem kleinen Pfad.
In den Händen
verbrennen mich die Löcher
der zwei Nägel.
Und siehst du etwa nicht,
daß ich verblute?
Wag nicht, dich umzudrehn,
geh langsam weiter
und bete, so wie ich,
zum heilgen Kajetan,
da du nicht vorbereitet
und nicht ich, einander
zu begegnen.

Morgenglocken

Ihr Glocken von Córdoba
in der Morgenfrühe.
Ihr Glocken bei Tagesanbruch
in Granada.
Euch fühlen schmerzlich alle Mädchen,
die weinen bei der trauernd
zarten Soleá.
All die Mädchen
des obern und des untern
Andalusiens.
Die Mägdlein Spaniens
mit kleinem Fuße
und zitterigen Röcken,
die wahrlich jeden Kreuzweg
angefüllt mit Lichtern.
O ihr Glocken von Córdoba
in der Morgenfrühe,
o ihr Glocken bei Tagesanbruch
in Granada!

Gedicht von der Saeta

Für Francisco Iglesias

Bogenschützen

Die dunklen Bogenschützen
sind nah schon bei Sevilla.

Guadalquivir weit offen.

Mit breiten, grauen Hüten
und langen, trägen Capas.

Ay, Guadalquivir!

Sie kommen aus den Landen,
den fernen, alter Pein.

Guadalquivir weit offen.

Ziehn einem Labyrinth zu.
Kristall und Stein und Liebe.

Ay, Guadalquivir!

Nacht

Kerze und Öllicht,
Glühwürmchen und Laterne.

Die Konstellation
der Saeta.

Kleine güldne Fenster
zittern,
im Frührot schaukeln Kreuze –
eines überm andern.

Kerze und Öllicht,
Glühwürmchen und Laterne.

Sevilla

Sevilla ist ein Turm
voll feiner Bogenschützen.

Sevilla zum Versehren.
Córdoba zum Ersterben.

Ein Ort, der langen Rhythmen
lauernd lauschet,
sie dreht und windet
wie Labyrinthe.
Wie Rebgezweig sich windet,
angezündet.

Sevilla zum Versehren!

Und unterm Himmelsbogen,
auf seiner freien Ebne,
schnellt hin die immerwährnde
Saeta seines Flusses.

Córdoba zum Ersterben!

Berauscht vom Horizonte
mischt es in seinem Weine

das Bittre Don Juans
mit Dionysius' Vollkommnem.

Sevilla zum Versehren.
Allzeit Sevilla zum Versehren!

Prozession

Durchs kleine Gäßchen kommen
Einhörner, wahrlich seltsam.
Aus welcher Landschaft,
aus welchem sagenhaften Walde?
Schon näher –
scheinen sie wohl Astronomen.
Phantastische Merline,
der Ecce-Homo,
das Wunder Durandarte.
Orlando Furioso.

Paso

Jungfrau mit Krinoline,
Jungfrau von der Einsamkeit,
einer offnen, ungeheuren
Tulpe gleich.
In deiner Lichterbarke
ziehst
du durch die hohe Flut
der Stadt, inmitten
verworrener Saetas
und Sternen aus Kristall.
Jungfrau mit Krinoline,
ziehest
durch den schmalen Fluß der Straße
bis zum Meer!

Saeta

Schwarzbrauner Christus
wandelt
von Judäas Lilie
hin zur Nelke Spaniens.

Seht doch nur, von wo er kommt!

Von Spanien.
Mit reinem, dunklem Himmel,
versengter Erde
und Rinnseln, deren Wasser
sehr langsam fortzieht.
Schwarzbrauner Christus
mit verbrannten langen Locken,
vorstehnden Backenknochen
und weißen Augenäpfeln.

Seht doch nur, wohin er geht!

Balkon

Die Lola
singt da Saetas.
Die Toreritos
umstehn sie,
und das Barbierchen,
von seiner Tür aus,
folgt ihren Rhythmen
mit seinem Kopfe.
Zwischen Basilie
und feiner Minze
singt da die Lola
Saetas.
Das ist die Lola,
die sich so häufig
im Brunn gespiegelt!

Morgenanbruch

Doch wie die Liebe blind
sind ja die Sänger,
die Saeteros.

Es lassen die Saetas
lange Spuren
heißer Lilie auf grünem
Nachtdunkel.

Des Mondes Kiel durchschneidet
die maulbeerfarbnen Wolken,
die Köcher füllen
sich an mit lindem Tau.

Ay, doch wie die Liebe blind
sind ja die Sänger,
die Saeteros!

Zeichnung der Petenera

Für Eugenio Montes

Glocke

Im tiefsten Gitarrenbaß

In dem gelben
Turm der Kirche
läutet eine Glocke.

Auf dem gelben
Winde öffnen
sich weit die Glockentöne.

In dem gelben
Turm der Kirche
höret auf die Glocke.

Der Wind macht aus dem Staube
verwehnde Silberbüge.

Weg

Hundert trauerschwarze Reiter
gehn wohin –
durch den Himmel der Orangen,
der da liegt?
Kommen nimmer nach Sevilla,
Córdoba,
nach Granada, das da seufzet
nach dem Meer.
Ihre traumverlornen Pferde
tragen sie
wohl hin zum Labyrinth der Kreuze,
darin der Sang erbebt.
Von sieben Ays durchdrungen,
gehn wohin –
die hundert Reiter Andalusiens
vom Orangenhain?

Die sechs Saiten

Die Gitarre
bringt die Träume zum Weinen.
Das Schluchzen der verlornen
Seelen
entweicht aus ihrem runden
Munde.
Sie webt wie die Tarantel
sich einen großen Stern,
um Seufzer zu erjagen,
die auf der Schwärze treiben
in ihrer Holzzisterne.

Tanz im Garten der Petenera

In der Nacht ihres Gartens –
sechs Zigeunerinnen
in weißen Gewändern
tanzen.

In der Nacht ihres Gartens –
Jasmingewinde
und Rosen aus Papier
auf dem Kopfe.

In der Nacht ihres Gartens –
mit perlmuttnen Zähnen
schreiben sie den Schatten,
den verbrannten.

Und in der Nacht ihres Gartens –
längen sich ihre Schatten,
erreichen, maulbeerfarben,
den Himmel.

Tod der Petenera

In dem weißen Hause stirbt
Wahnsinn und Verderb der Männer.

Hundert Pferdchen tummeln sich.
Ihre Reiter sind gestorben.

Im erschauderten Geflimmer
bleicher Öllichtsterne zittert
stumm ihr Rock aus Moiré
zwischen ihren Kupferschenkeln.

Hundert Pferdchen tummeln sich.
Ihre Reiter sind gestorben.

Lange, scharfgeschliffne Wolken
ziehn vom trüben Horizont her,
und der Baß einer Gitarre
reißt.

Hundert Pferdchen tummeln sich.
Ihre Reiter sind gestorben.

Falsett

Ay, Zigeunerpetenera!
Yayay, Petenera!
Keine frommen Mägdlein brachten dich zum
Grabe,
Mägdlein, die dem toten Christus ihre
Locken opfern,
festtags angetan mit weißen
Schleiermänteln.
Des Unheils Menschen brachten
dich zum Grabe.
Menschen, die ihr ganzes Herz
im Kopfe haben
und die dir weinend folgten
durch alle Gäßchen.
Ay, Zigeunerpetenera!
Yayay, Petenera!

De profundis

Es schlafen nun für immer
die hundert Heißverliebten
tief unterm trocknen Erdreich.
Es hat ja Andalusien
endlose rote Wege,
und Córdoba hat grüne
Oliven, wo man ihnen
kann hundert Kreuze setzen,
um ihrer zu gedenken.
Es schlafen nun für immer
die hundert Heißverliebten.

Totengeläut

In den gelben
Kirchentürmen
läuten alle Glocken.

Auf den gelben
Winden öffnen
sich weit die Glockentöne.

Es geht auf einem Wege
der Tod, bekränzt mit welken
Orangenblütenzweigen.
Er singt und singt
ein leises Lied
zu seiner weißen Laute,
und singt und singt und singet.

In den gelben Kirchentürmen
hören auf die Glocken.

Der Wind macht aus dem Staube
verwehnde Silberbüge.

Zwei Mädchen

Für Máximo Quijano

Lola

Im Schatten der Orangen
wäscht Zeug sie aus Kattun.
Sie hat zwei grüne Augen,
die Stimm' ist violett.

Ay, Liebeslust
unterm Orangenblust!

Des Rieselbaches Wasser
floß hin, der Sonne voll;
und im Olivenwäldchen
da schilpte laut ein Spatz.

Ay, Liebeslust
unterm Orangenblust!

Hat Lola ihre Seife
verbraucht, dann sind die kleinen
Toreros schnell zur Stelle.

Ay, Liebeslust
unterm Orangenblust!

Amparo

Amparo,
wie allein bist du im Hause,
schlohweiß angezogen!

(Zwischen Narde und Jasmin –
Äquator.)

Hörest deines Patios schöne,
wundersame Springbornstrahlen,
des Kanarienvogels zarten
gelben Triller.

Siehst des Abends die Zypressen
mit den kleinen Vögeln zittern,
während du dabei gemächlich
Lettern auf die Leinwand stickst.

Amparo,
wie allein bist du im Hause,
schlohweiß angezogen!
Amparo,
und wie schwer ist, dir zu sagen:
ich, ich lieb dich!

Flamenco-Vignetten

Für Manuel Torres, ›Niño de Jerez‹,
mit dem Pharaonenrumpf

Porträt von Silverio Franconetti

Halb Italiener,
halb Flamenco –
wie nur mocht er singen,
jener Silverio?
Italiens fülliger Honig
mit unserer Zitrone
floß in der wehen Klage
des Siguiriyeros.
Sein Aufschrei war entsetzlich.
Die Alten
erzählen, daß die Haare
sich gesträubt,
auch sei das Spiegelsilber
aufgesprungen.
Er drang durch alle Töne –
keinen brach er.
Ein Schöpfer und zugleich
war er ein Gärtner.
War ein Schöpfer und schuf Lauben
für die Stille.

Doch seine Melodie
schläft lang schon mit den Echos.
Vollendet rein und gültig.
Nun mit den letzten Echos!

Juan Breva

Juan Breva besaß
den Leib eines Riesen
und Mädchenstimme.
Doch nichts glich seinem Triller.
Es war die Pein,
sie war es selber,
die hinter einem Lächeln
sang. Sie ruft herauf des schlafestrunknen
Málaga Zitronenhaine,
und Salz des Meers schmeckt nach
in ihrer Klage.
Homer gleich, sang er blind.
Und seine Stimme hatte
etwas von Meer, das lichtlos,
und von Orange, die zerpreßt.

Tanzlied-Café

Lampen aus Kristall
und grüne Spiegel.

Auf dunkler Bretterbühne
ergeht sich die Parrala
in einer Unterhaltung
mit dem Tode.
Sie ruft ihn,
er kommt nicht,
sie ruft nach ihm und ruft.
Es atmen
die Leute ein das Schluchzen.
Und in den grünen Spiegeln
verschwimmen lange Schleppen
aus Seide.

Sterbeklage

Für Miguel Benítez

Auf dem schwarzen Himmel
winzig kleine gelbe Schlangen.

Kam auf diese Welt mit Augen,
ohne Augen geh ich.
Allerschmerzensreichster Herr!
Danach dann –
ein Licht und eine Decke
auf dem Boden.

Ich wollt, wohin die Guten
gekommen, selber kommen.
Und bin, mein Gott!, gekommen . . . .
Danach doch –
ein Licht und eine Decke
auf dem Boden.

Zitronenbaum, Zitrönchen –
kleine, gelbe.
Zerstreut nur die Zitrönchen
in die Winde.
Nun, jetzt wißt ihrs! . . . . Denn danach,

danach –
ein Licht und eine Decke
auf dem Boden.

Auf dem schwarzen Himmel
winzig kleine gelbe Schlangen.

Beschwörung

Die gekrümmte Hand,
ähnlich der Meduse,
blendet jäh des Öllichts
Leidensauge.

Basten-As.
Schere überkreuz.

Auf des Weihrauchs weißem
Dampfe hat sie etwas
wie von einem Maulwurf
und unbestimmten Falter.

Basten-As.
Schere überkreuz.

Sie preßt zusammen – seht ihr? –
ein unsichtbares Herz.
Ein Menschenherz,
des Widerbild im Wind ist.

Basten-As.
Schere überkreuz.

Memento

Wenn dereinst ich sterbe,
begrabt mich mit meiner Gitarre
unter dem Sande.

Wenn dereinst ich sterbe
zwischen den Orangen
und den guten Minzen.

Wenn dereinst ich sterbe,
dann begrabt mich, wenn ihr wollt,
in einer Wetterfahne.

Wenn dereinst ich sterbe!

Drei Städte

Für Pilar Zubiaurre

Malagueña

Der Tod geht
ein und aus
in der Taverne.

Vorbei ziehn schwarze Pferde
und düstre Leute
auf den tiefinnern Wegen
der Gitarre.

Und ein Geruch nach Salz
und Weiberblut
ist in den Fiebernarden
der Meeresküste.

Der Tod geht
ein und aus
und aus und ein
geht der Tod
in der Taverne.

Korduaner Stadtteil

Örtliches Nachtstück

Man verteidigt sich im Hause
gegen die Sterne.
Die Nacht stürzt sich hernieder.
Drinnen liegt ein totes Mädchen;
tief in seinem Haar verborgen
hat es eine rote Rose.
Sechs Nachtigalln beweinen es
am Fenstergitter.

Seufzend gehn umher die Leute
mit weit offenen Gitarren.

Tanz

Durch die Straßen von Sevilla
tanzt und tanzet Carmen.
Ihre Haare sind schon weiß,
und es glänzen ihre Augen.

Mädchen,
zieht den Vorhang zu!

Eine gelbe Schlange ringelt
sich dabei in ihrem Kopf,
und sie träumt, derweil sie tanzt,
von Galanen andrer Tage.

Mädchen,
zieht den Vorhang zu!

Ganz verlassen sind die Straßen,
doch erraten sich in ihren
Tiefen Andalusierherzen –
und die suchen alte Dornen.

Mädchen,
zieht den Vorhang zu!

Sechs Capricci

Für Regino Sáinz de la Maza

Rätsel von der Gitarre

Sechs Jungfern tanzen,
wo sich die Wege
auf der Rundung
kreuzen.
Drei aus Fleisch
und drei aus Silber.
Es suchen sie des Gestern Träume,
doch hält sie fest in seinen Armen
ein goldner Polyphem.
Die Gitarre!

Schnabellampe

O wie ernst und schwer die Flamme
des Öllichts meditiert!

Sie schaut, ein Fakir Indiens,
tief in ihr goldnes Innres
und schwindet hin im Traume
von Sphären ohne Wind.

Sie pickt von ihrem Nest aus
– ein weißentglühter Storch –
nach dichten, vollen Schatten
und zeigt sich leise zitternd
im runden Aug des kleinen
gestorbenen Zigeuners.

Klapperholz

Klapperholz.
Klapperholz.
Klapperholz.
Wohlklangvoller Skarabäus.

In dem Spinnetz
einer Hand
kräuselst du die Luft,
die warme,
und vergehst in deinem Triller
aus Hartholz.

Klapperholz.
Klapperholz.
Klapperholz.
Wohlklangvoller Skarabäus.

Feigenkaktus

Unbezähmter Laokoon.

Wie bist du schön
im Licht des halben Mondes!

Vielfacher Pelotari.

Wie bist du schön,
wenn du dem Winde dräust!

Daphne und Attis
verstehen deinen Schmerz.
Nimmer erklärbar.

Agave

Versteinerter Polyp.

Du legst aschengraue Gurte
den Bergen um die Leiber
und säumst die hohlen Wege
mit fürchterlichen Zähnen.

Versteinerter Polyp.

Kreuz

Das Kreuz.
(Schlußpunkt
des Weges.)

Es spiegelt sich im Rinnsal.
(Gedankenpunkte!)

Auftritt
des Oberstleutnants
der Guardia Civil

OBERSTLEUTNANT Ich bin der Oberstleutnant der Guardia Civil.

SERGEANT Jawohl.

OBERSTLEUTNANT Und es gibt niemand, der mich Lügen straft.

SERGEANT Nein.

OBERSTLEUTNANT Ich habe drei Sterne und zwanzig Kreuze.

SERGEANT Jawohl.

OBERSTLEUTNANT Der Kardinalerzbischof mit seinen vierundzwanzig lila Troddeln hat mich begrüßt.

SERGEANT Jawohl.

OBERSTLEUTNANT Ich bin der Leutnant. Ich bin der Leutnant. Ich bin der Oberstleutnant der Guardia Civil.

Romeo und Julia, himmelblau, weiß und gold, umarmen sich über dem Tabakgarten der Zigarrenkiste. Der Militär liebkost den Lauf eines Gewehrs voll unterseeischen Schattens.

EINE STIMME *von draußen*

Vollmond, Vollmond, Vollmond, Vollmond
in der Jahreszeit der Ölfrucht.
Seinen Turm weist vor Cazorla,
doch Benamcjí verdeckt ihn.

Vollmond, Vollmond, Vollmond, Vollmond.
Heiser kräht ein Hahn im Vollmond.
Herr Alcalde, Ihre Töchter
gucken alle in den Vollmond.

OBERSTLEUTNANT Was ist los?

SERGEANT Ein Zigeuner!

Der Mauleselsfüllenblick des Zigeunerchens verdüstert die kleinen kranken Augen des Oberstleutnants der Guardia Civil und macht sie gigantisch.

OBERSTLEUTNANT Ich bin der Oberstleutnant der Guardia Civil.

SERGEANT Jawohl.

OBERSTLEUTNANT Wer bist du?

ZIGEUNER Ein Zigeuner.

OBERSTLEUTNANT Und was ist ein Zigeuner?

ZIGEUNER Irgend etwas.

OBERSTLEUTNANT Wie heißt du?

ZIGEUNER Ebenso.

OBERSTLEUTNANT Was sagst du?

ZIGEUNER Zigeuner.

SERGEANT Ich bin ihm begegnet und habe ihn mitgenommen.

OBERSTLEUTNANT Wo bist du gewesen?

ZIGEUNER Auf der Brücke über die Flüsse.

OBERSTLEUTNANT Aber welcher Flüsse?

ZIGEUNER Aller Flüsse.

OBERSTLEUTNANT Und was hast du da gemacht?

ZIGEUNER Einen Turm aus Zimt.

OBERSTLEUTNANT Sergeant!

SERGEANT Zu Befehl, Herr Oberstleutnant der Guardia Civil.

ZIGEUNER Ich habe Flügel erfunden um zu fliegen, und ich fliege. Schwefel und Rose auf meinen Lippen.

OBERSTLEUTNANT Ay!

ZIGEUNER Obwohl ich keine Flügel brauche, weil ich ohne sie fliege. Wolken und Ringe in meinem Blut.

OBERSTLEUTNANT Ayy!

ZIGEUNER Im Januar habe ich Orangenblust.

OBERSTLEUTNANT *windet sich* Ayyyyy!

ZIGEUNER Und Orangen im Schnee.

OBERSTLEUTNANT Ayyyyy! Bum, bim, bam.

Er fällt tot um. Die Tabak- und Milchkaffeeseele des Oberstleutnants der Guardia Civil entfährt durch das Fenster.

SERGEANT Hilfe!

Vier Zivilgardisten prügeln den kleinen Zigeuner im Kasernenhof.

Lied des geprügelten Zigeuners

Vierundzwanzig Backenstreiche.
Fünfundzwanzig Backenstreiche;
nachts dann legt mich meine Mutter
auf ein silbernes Papier.

Landgendarmen, Landgendarmen,
gebt mir ein paar Schlückchen Wasser.
Wasser – und mit Booten, Fischen.
Wasser, Wasser, Wasser, Wasser.

Ay, Gebieter der Zivilen,
du, in deinem Saale oben!
Keine Seidentüchlein gibt es,
um mir das Gesicht zu säubern.

Amargos Zwiegespräch

Feld

EINE STIMME Amargo.
Meines Patios Oleander.
Herz aus bittrer Mandel Kern.
Amargo.

Drei junge Männer mit breiten Hüten kommen.

ERSTER JUNGER MANN Wir werden uns wohl verspäten.

ZWEITER JUNGER MANN Die Nacht bricht über uns herein.

ERSTER JUNGER MANN Und der da?

ZWEITER JUNGER MANN Ist hinter uns.

ERSTER JUNGER MANN *laut* Amargo!

AMARGO *von weitem* Ich komme schon.

ZWEITER JUNGER MANN *laut* Amargo!

AMARGO *ruhig* Ich komme schon!

ERSTER JUNGER MANN Welch schöne Olivenhaine!

ZWEITER JUNGER MANN Ja.

Langes Schweigen.

ERSTER JUNGER MANN Nachts wandere ich nicht gern.

ZWEITER JUNGER MANN Ich auch nicht.

ERSTER JUNGER MANN Die Nacht wurde zum Schlafen erschaffen.

ZWEITER JUNGER MANN Ja wahrhaftig.

Frösche und Grillen bauen des andalusischen Sommers Lusthäuschen.

AMARGO *Hände im Gürtel, wandert dahin*
Ay yayayay.
Hab den Tod schon angefragt.
Ay yayayay.

Der Aufschrei seines Sangs setzt einen Zirkumflex auf das Herz derer, die ihn gehört haben.

ERSTER JUNGER MANN *von sehr weit her* Amargo!

ZWEITER JUNGER MANN *fast unhörbar* Amargooo!

Stille. Amargo ist allein mitten auf der Landstraße. Er öffnet ein wenig seine großen, grünen Augen und zieht seine Samtjacke fest um die Taille. Hohe Berge umgeben ihn. Seine große silberne Uhr tickt bei jedem Schritt dunkel in seiner Tasche. Ein

REITER *kommt im Galopp auf der Landstraße daher; er hält sein Pferd an* Guten Abend!

AMARGO Gott befohlen.

REITER Gehen Sie nach Granada?

AMARGO Just nach Granada.

REITER Dann gehen wir also beide dahin.

AMARGO Es scheint so.

REITER Warum schwingen Sie sich nicht auf die Kruppe?

AMARGO Weil mir meine Füße nicht weh tun.

REITER Ich komme aus Málaga.

AMARGO Schön.

REITER Da leben meine Brüder.

AMARGO *mißlaunig* Wieviel?

REITER Drei. Sie verkaufen Messer. Das ist ihr Geschäft.

AMARGO Möge es ihnen Früchte eintragen.

REITER Aus Silber und Gold.

AMARGO Ein Messer soll nichts andres sein als ein Messer.

REITER Sie irren.

AMARGO Danke.

REITER Die goldenen Messer gleiten von selbst ins Herz. Die silbernen durchschneiden den Hals wie eine Grasfaser.

AMARGO Kann man sie nicht zum Brotschneiden gebrauchen?

REITER Die Menschen brechen das Brot mit der Hand.

AMARGO Das ist wahr!

Das Pferd wird unruhig.

REITER Pferd!

AMARGO Das kommt von der Nacht.

Der gewellte Weg legt den Schatten des Tieres in Windungen.

REITER Willst du ein Messer?

AMARGO Nein.

REITER Sieh, ich schenke es dir sogar.

AMARGO Aber ich nehme es nicht an.

REITER Die Gelegenheit kommt nicht noch einmal.

AMARGO Wer weiß?

REITER Die andren Messer taugen nicht. Die andren Messer sind weich und erschrecken vor dem Blut. Unsre, die wir verkaufen, sind kalt. Verstehst du? Sie dringen ein, auf der Suche nach dem wärmsten Ort, und da machen sie halt.

AMARGO *schweigt. Seine rechte Hand wird eiskalt, wie wenn sie einen Goldklumpen ergreife* Ein herrliches Messer! Ist es sehr teuer?

REITER Willst du denn nicht das hier? *Holt ein goldenes Messer hervor. Die Spitze glänzt wie die Flamme eines Öllichts.*

AMARGO Ich sagte schon nein.

REITER Steig doch auf, mein Junge!

AMARGO Noch bin ich nicht müde. *Wieder erschrickt das Pferd.*

REITER *die Zügel anziehend* Nanu, was ist das für ein Pferd!

AMARGO Das kommt von der Dunkelheit. *Pause.*

REITER Wie ich dir vorhin sagte, leben meine drei Brüder in Málaga. Und wie die Messer verkauft werden! In der Kathedrale hat man zweitausend gekauft, um alle Altäre zu schmücken und den Turm zu krönen. Viele Schiffe haben ihnen ihre Namen gegeben; die bescheidensten Fischer der Seeküste machen es sich nachts hell mit dem Glanz, der von ihren geschliffenen Klingen ausgeht.

AMARGO Das ist eine Pracht!

REITER Wer kann das bestreiten?

Die Nacht verdichtet sich wie hundertjähriger Wein. Im Morgengrauen öffnet die große Schlange des Südens ihre Augen, und die Schläfer haben ein unendliches Verlangen, sich vom Balkon in die heillose Magie des Duftes und der Ferne zu stürzen.

AMARGO Mir scheint, wir haben den Weg verloren.

REITER *hält sein Pferd an* Wirklich?

AMARGO Durch die Unterhaltung.

REITER Sind das nicht die Lichter Granadas?

AMARGO Ich weiß nicht.

REITER Die Welt ist sehr groß.

AMARGO Da sie verlassen ist.

REITER Es ist, wie du sagst.

AMARGO Das bringt mich zur Verzweiflung! Ay yayayay!

REITER Weil du da hinkommst. Was tust du?

AMARGO Was ich tue?

REITER Und wenn du an deinem Ort bleibst – wozu willst du da sein?

AMARGO Wozu?

REITER Ich reite auf diesem Pferd und verkaufe Messer; aber was geschähe wohl, wenn ich es nicht täte?

AMARGO Was dann geschehen würde?

Pause.

REITER Wir kommen nun bald nach Granada.

AMARGO Ists möglich?

REITER Sieh doch, wie die Miradores schimmern.

AMARGO Ja, wirklich.

REITER Jetzt wirst du dich wohl kaum mehr weigern, mit mir zu reiten.

AMARGO Wart einen Augenblick.

REITER Nur zu, steig auf! Steig schnell auf. Wir müssen

vor Morgenanbruch da sein ... Und nimm dies Messer. Ich schenke es dir.

AMARGO Ay yayayay!

Der Reiter hilft Amargo. Die beiden reiten gen Granada. Die Bergkette im Hintergrund bedeckt sich mit Schierling und Nesseln.

Lied der Mutter Amargos

Sie tragen ihn in meinem Bettuch,
meinen Palmen, Lorbeerrosen.

Am sechsundzwanzigsten Augusttag,
mit dem kleinen, goldnen Messer.

Das Kreuz. Dann gehn wir wieder weiter.
Er war braun und er war bitter.

Und gebt mir einen Messingkrugvoll
Limonade, Nachbarinnen.

Das Kreuz. Es soll hier niemand weinen.
Denn Amargo ist im Monde.

[illegible]

[illegible]

[illegible]

[illegible]

[illegible] Palme [illegible]

[illegible]

[illegible]

[illegible]

[illegible]

[illegible]

[illegible]

Der Cante Jondo

Andalusischer Urgesang

De Falla bezieht sich auf folgende geschichtliche Faktoren, die sich sehr ungleichartig zueinander verhalten und die Gesänge stark beeinflußt haben:

»A. Die Übernahme des byzantinischen Gesangs[1] von der katholischen Kirche; B. die Araberinvasion[2]; C. die Einwanderung [und Niederlassung] zahlreicher Zigeunerscharen in Spanien.«

Diese geheimnisvollen und umherirrenden Leute geben dem Cante Jondo seine endgültige Gestalt. Das tut schon die Eigenschaftsbezeichnung ›zigeunrisch‹ dar, welche die ›Siguiriya‹ beibehält, und der außerordentlich häufige Gebrauch von Ausdrücken der Zigeunersprache, des ›Caló‹, in den Liedertexten.

Dies bedeutet natürlich nicht, daß der ›Cante Jondo‹ ausschließlich von ihnen stammt; denn seine melodischen Formen werden einzig und allein von den Zigeunern des Südens gepflegt, wiewohl es doch auch in andren Teilen der Halbinsel und in ganz Europa Zigeuner gibt.

Es handelt sich um einen rein andalusischen Gesang, der schon im Keim da war, ehe die Zigeuner kamen – wie es den Hufeisenbogen schon gab, ehe die Araber ihn als charakteristische Form in ihrer Architektur verwandten; einen Gesang, der schon seit Tartessus'[3] Zeiten in Andalusien angestimmt worden und der durchknetet ist mit nordafrikanischem Blut und wahrscheinlich mit tieferliegenden Einschichtungen der zerrißnen jüdischen Rhythmen, die heute die Voreltern aller großen slawischen Musik sind.

»Die wesentlichen Elemente des Cante Jondo zeigen folgende Entsprechungen zu gewissen indischen Gesängen und Gesängen andrer orientalischer Völker:

Erstens: Die Enharmonik[4] *als modulierendes Mittel.* – [Das Wort *modulierend* hat in diesem Fall nicht die moderne Bedeutung. Wir nennen *Modulation* den einfachen

Übergang von einer Tonart in eine gleichartige andre, die aber auf einer unterschiedlichen Tonhöhe aufgebaut ist. Hiervon ausgenommen bleibt der *Modus*unterschied von Dur und Moll, die einzige von der europäischen Musik während der ganzen Periode vom siebzehnten bis zum letzten Drittel des neunzehnten Jahrhunderts eingeführte Unterscheidung. Diese *Modi* oder melodischen Reihen setzen sich aus Ganz- und Halbtönen zusammen, deren Anordnung unveränderlich ist. Aber die primitiven indischen Systeme und ihre Ableitungen betrachten die Plätze, welche die kleinsten Intervalle (die Halbtöne unsrer atemperierten[5] Skala) in den melodischen Reihen (den Tonleitern) innehaben, nicht nur als unbeständig, sondern das Hervorbringen dieser gleichartige Tonfolgen zerstörenden Intervalle gehorcht bei ihnen sogar Hebungen und Senkungen der Stimme, die durch den Ausdruck des gesungenen Wortes verursacht werden . .]

Zweitens: Wir erkennen als Eigenheit des Cante Jondo den Gebrauch eines begrenzten Tonumfangs, der selten die Grenze einer Sexte überschreitet . .

Drittens: Die wiederholte, bis zur Besessenheit gehende Benutzung ein und desselben Tones, der häufig vom Gebrauch eines Vorschlags[6] von oben und von unten ergänzt wird. – Dieses Verfahren ist gewissen Zauberformeln und jenen Sprechgesängen eigen, die wir prähistorisch nennen könnten, und die manch einen zur Annahme veranlassen, daß der Gesang den andren Formen der Sprache vorangegangen ist. Dieses Mittel bringt es zuwege, in bestimmten Liedern der von uns durchforschten Gruppe (vor allem der Siguiriya) jede metrische Rhythmusempfindung zu zerstören und dadurch den Eindruck einer gesungenen Prosa hervorzurufen, während es in Wirklichkeit die Verse sind, die deren literarischen Text gestalten[7].

Viertens: Obschon die zigeunrische Melodie reich an ornamentalen Wendungen ist, werden diese, genau wie in den ursprünglichen orientalischen Gesängen[8], *nur in ganz bestimmten Momenten als Ausbreitungen oder heftige seelische Aufwallungen ausgeführt, die von der erregenden Kraft des Textes eingegeben werden.* – Ebendarum muß man sie eher als weitläufige Stimmabwandlungen denn als ornamentale Wendungen betrachten, obwohl sie bei der Übertragung durch die geometrischen Intervalle der temperierten[9] Tonleiter gerade diesen Aspekt annehmen.
[*Fünftens: Die Rufe und Schreie, mit denen unser Volk die Sänger und Spieler anfeuert und aufreizt, haben ebenfalls ihren Ursprung in dem Brauch, der bei den Rassen orientalischer Abstammung in entsprechenden Fällen beobachtet werden kann*[10].]
Fassen wir das Gesagte zusammen, so können wir versichern, daß die musikalische Tonleiter des Cante Jondo in Übereinstimmung mit den primitiven orientalischen Gesängen[11] eine unmittelbare Folgeerscheinung dessen ist, was wir eine mündliche Tonleiter nennen könnten. Einige[12] unterstellen sogar, Wort und Gesang seien ursprünglich ein und dasselbe gewesen, und Louis Lucas sagt in seiner ›Acoustique Nouvelle‹[13] bei der Behandlung des Besondren der enharmonischen[14] Gattung, daß ›sie die erste ist, die in natürlicher Reihenfolge durch Nachahmung des Vogelsangs, des Tierschreis und der unzähligen Geräusche der Materie in Erscheinung tritt‹.«
In seiner Musikästhetik versichert Hugo Riemann, daß der Vogelsang der reinen Musik sich nähere, und daß man zwischen ihm und dem menschlichen Gesang keinen Unterschied zu machen brauche, da beide Ausdruck einer Sensibilität seien.
Der große Meister Felipe Pedrell, einer der ersten Spanier,

die sich wissenschaftlich mit ›Folklore‹-Fragen befaßt haben, schreibt in seinem großartigen ›Cancionero Popular[15] Español‹: ›Die Tatsache, daß in verschiedenen spanischen Volksliedern der musikalische Orientalismus fortlebt, ist in unsrer Nation durch den Einfluß der uralten byzantinischen Zivilisation tief verwurzelt. Die nämlich hat sich mit den Formeln übertragen, welche den von der spanischen Kirche ausgeübten Riten eigen sind, und zwar seit unsres Landes Bekehrung zum Christentum bis zum elften Jahrhundert, eben der Epoche, in der die im eigentlichen Sinne des Wortes römische Liturgie eingeführt wurde.‹

De Falla ergänzt, was sein alter Lehrer gesagt hat, indem er die Elemente des byzantinischen liturgischen Gesangs bestimmt, die sich in der Siguiriya offenbaren:

»Die tonalen Modi der primitiven Systeme (die man nicht mit den griechisch genannten verwechseln darf, wenngleich sie mitunter an deren Struktur beteiligt sind); die diesen ursprünglichen Modi innewohnende Enharmonik[16]; und schließlich das Fehlen des metrischen Rhythmus in der melodischen Linie sowie deren Reichtum an modulierenden Abwandlungen.

Zugleich machen solche Eigentümlichkeiten manchmal auch den Wert des andalusischen Maurengesanges aus[17], der erst sehr lange nach der Annahme der byzantinischen liturgischen Musik von der spanischen Kirche entstanden ist«; diese Lieder sind nahe mit der Musik verwandt, welche man noch in Marokko, Algier und Tunis unter dem jedes Granadiner Herz bewegenden Namen ›Musik der Mauren von Granada‹ kennt.

Im Verlauf der Siguiriya-Analyse hat Manuel de Falla mit seinem soliden musikalischen Wissen und seiner exquisiten Intuition in diesem Gesang »ganz bestimmte Formen und

Merkmale« gefunden, »die in gewisser Hinsicht unabhängig von den primitiven heiligen christlichen Gesängen und von der Musik der Granadiner Mauren sind«[18]. Das heißt, er hat in dieser sonderbaren Musik das außergewöhnliche und agglutinierende zigeunrische Element gesucht und gesehen. Er übernimmt die historische Version, die den Zigeunern einen indischen Ursprung zuschreibt, und diese Version fügt sich wunderbar zum Ergebnis seiner hochinteressanten Forschungen.

Nach dieser Version sind die Zigeunerstämme um das Jahr 1400 aus Indien[19] geflohen, verfolgt von den hunderttausend Reitern des großen Timur-Leng. Zwanzig Jahre später erscheinen diese Stämme bei verschiedenen europäischen Völkern und betreten Spanien mit den Sarazenenheeren, die von Arabien[19] und Ägypten[19] aus von Zeit zu Zeit an unsren Küsten landeten.

Und diese Menschen haben die uralten Elemente unsrer Heimat mit dem Alleraltesten[19] vereint, was sie nach unsrem Andalusien mitbrachten, und dem von uns heute so genannten Cante Jondo die endgültige Form gegeben.

Ihnen verdanken wir also die Erschaffung dieser Gesänge, der Seele unsrer Seele; ihnen verdanken wir den Bau dieser lyrischen Flußbetten, durch die alle Schmerzen entfließen, und die Brauch gewordnen Gebärden unsrer Rasse.

Und diese Gesänge, meine Damen und Herren, hat man seit dem letzten Drittel des vergangnen Jahrhunderts bis auf den heutigen Tag in übelriechende Kneipen oder in die Hurenhäuser einzusperren versucht. Das hatte die unglaubliche, fürchterliche Zeit des spanischen Singspiels, die Zeit Grilos und der historischen Bilder, verschuldet. Während Rußland in Liebe zum Volkstümlichen entbrannte, während in Frankreich die goldne Welle des Impressionismus zitterte, waren in Spanien, das geradezu einzigartige Traditionen und volkstümliche Schönheiten aufzuweisen hat, Gitarre und Cante Jondo eine plebejische Angelegenheit.

Allmählich hat sich diese Auffassung dermaßen versteift, daß zur Verteidigung solch reiner und wahrhafter Gesänge aufgerufen werden muß.

So versteht das die junge geistige Generation Spaniens.

Der Cante Jondo wird seit beinahe unvordenklichen Zeiten gepflegt, und alle berühmten Reisenden, die unsre abwechslungsreichen, seltsamen Landschaften aufs Geratewohl durchstreift haben, sind von diesen profunden Psalmodien erregt worden, die von den Spitzen der Sierra Nevada bis zu den durstigen Olivenhainen Córdobas und von der Sierra de Cazorla bis zur so fröhlichen Mündung des Guadalquivirs unser einzigartiges, überaus kompliziertes Andalusien durchziehen und genau beschreiben.

Ganz besonders aber nehmen wir die außerordentliche Bedeutung des Cante Jondo wahr, wenn wir seinen nahezu entscheidenden Einfluß auf die Bildung der modernen russischen Schule sehen, und wenn wir die hohe Achtung bemerken, die ihm der geniale französische Komponist Claude Debussy gezollt hat, dieser lyrische Argonaut, dieser Entdecker der neuen musikalischen Welt.

Im Jahre 1847 kommt Michael Iwanowitsch Glinka nach Granada. Er hatte in Berlin bei Siegfried Dehn Kompositionslehre studiert und Webers musikalischen Patriotismus beobachtet, der sich dem unheilvollen Einfluß der italienischen Komponisten in seinem Lande widersetzte. Er war sicherlich beeindruckt von den Gesängen des unermeßlichen Rußlands und träumte von einer unverfälschten Musik, einer volkstümlichen Musik, die den überwältigenden Eindruck seines Landes wiedergeben könnte.

Der Aufenthalt des Vaters und Gründers der slawischen orientalistischen Schule in unsrer Stadt ist sehr eigenartig.

Er befreundete sich mit einem damals berühmten Gitarristen namens Francisco Rodríguez Murciano, bei dem er Stunden um Stunden zubrachte und dessen Variationen und Falsette unsrer Gesänge anhörte; und beim ewigen Rhythmus des Wassers in unsrer Stadt kam ihm die großartige Idee der Gründung seiner Schule und der Wagemut, zum ersten Mal die Ganztonleiter zu benutzen.

Als er zu seinen Landsleuten zurückkehrte, verkündete er die frohe Botschaft und erklärte seinen Freunden die Eigenart unsrer Gesänge, die er untersucht und in seinen Kompositionen verwandt hatte.

Die Musik ändert die Richtung: der Komponist hat den eigentlichen Quell entdeckt.

Seine Schüler und Freunde wenden sich nun dem Volkstümlichen zu und suchen nicht nur in Rußland sondern auch in Südspanien nach den Strukturen ihrer Kompositionen.

Das beweisen zum Beispiel die ›Souvenirs d'une Nuit d'Eté à Madrid‹ von Glinka und einige Teile der ›Scheherazade‹ sowie das ›Capricho Español‹ von Rimskij-Korssakow.

Auf der Weltausstellung in Paris, 1890, war im Spanischen Pavillon eine Gruppe von Zigeunern, die den Cante Jondo in seiner vollkommenen Reinheit sangen. Das erregte in der ganzen Stadt ein ungeheures Aufsehen, besonders aber merkte ein junger Musiker auf, der damals jenen schweren Kampf ausfocht, den wir jungen Künstler alle durchzustehen haben – den Kampf um das Neue, den Kampf um das Unvorhergesehene, das Forschen im Meer des Gedankens, um die unberührte Emotion zu finden.

Dieser junge Mann hörte sich Tag für Tag die andalusischen Sänger an, und da er seine Seele nach allen vier Himmelsrichtungen des Geistes offenhielt, durchtränkte er sich mit dem alten Orient unsrer Melodien. Es war Claude Debussy.

Mit der Zeit sollte er Europas höchster musikalischer Gipfel werden und die neuen Theorien festlegen.

Tatsächlich tauchen in vielen Werken dieses Musikers die feinsten Evokationen Spaniens, vor allem Granadas auf, das er für ein wahres Paradies hielt, was es auch wirklich ist.

Claude Debussy, Musiker des Wohlgeruchs und der Empfindsamkeit[20], erreicht seine höchste schöpferische Kraft in der Dichtung ›Iberia‹, einem wahrhaft genialen Werk, worin Düfte und Züge Andalusiens wie in einem Traum schweben.

Doch die größte Genauigkeit und den bezeichnendsten Einfluß des Cante Jondo offenbart er in dem wundervollen ›La Puerta del Vino‹ genannten Präludium und in der schweifenden, zarten ›Soirée à Grenade‹, die nach meiner Meinung alle emotionalen Themen der Granadiner Nacht aufweist: die blaue Weite der Vega, die Sierra, welche das immer erzitternde Mittelmeer grüßt, die riesigen in die Ferne eingebohrten Nebelstacheln, das wunderbare Rubato der Stadt und die sinneverwirrenden Spiele des unterirdischen Wassers.

Und das allerwunderbarste ist, daß Debussy Granada nie gekannt, wenngleich er unsren Gesang so ernsthaft studiert hat.

Es handelt sich also um einen erstaunlichen Fall künstlerischen Erschauens, einen Fall genialer Intuition.

Zweifellos hat der Cante Jondo in Spanien alle Musiker von ›großem spanischem Saitenschlag‹, wie ich das einmal nennen will, beeinflußt; das heißt von Albéniz über Granados bis zu de Falla. Schon Felipe Pedrell hat spanische Lieder in seiner herrlichen Oper ›La Celestina‹ benutzt (die, zu unsrer Schande, in Spanien noch nicht aufgeführt worden ist) und uns bereits unsre gegenwärtige Richtung gewiesen. Aber am genialsten traf Isaac Albéniz das Ziel, indem er das lyrische Innerste des andalusischen Gesangs aufnahm. Jahre später erfüllt Manuel de Falla seine Musik mit unsren reinen, schönen Motiven in seiner weit entfernten spektralen Form. Erkennen Sie also, meine Damen und Herren, die Bedeutung des Cante Jondo und die große Treffsicherheit, die unser Volk bewiesen hat, als es ihn so nannte. Er ist tief, wahrhaft tief, tiefer als alle Brunnen und als alle Meere, die die Welt umgeben, viel tiefer als das heutige Herz, das ihn hervorbringt, und die Stimme, die ihn singt. Er kommt von fernen Völkerstämmen, durchzieht den Friedhof der Jahre und das Laubwerk der entkräfteten Winde. Er kommt von der ersten Wehklage und vom ersten Kuß.

Der Cante Jondo nähert sich dem Vogeltriller und der natürlichen Musik von Erle und Welle. Er ist einfach durch Alter und Stilisierung. Er ist wahrlich ein äußerst seltenes Muster des primitiven Gesanges, Europas ältesten Gesanges, dessen historischer Überrest und dessen vom Sand der Zeit verschüttetes lyrisches Fragment lebendig wie am ersten Tage ihres Daseins in Erscheinung treten.

Der bedeutende de Falla, der die Frage aufmerksam geprüft hat, versichert, daß die Siguiriya[21] das für die Cante-Jondo-Gruppe typische Lied ist, und erklärt rundweg, daß dieser andalusische Gesang wohl als einziger europäischer in der vollkommenen Reinheit seiner Struktur und seines Stils die höchsten Qualitäten beibehält, die dem primitiven Gesang der orientalischen Völker innewohnen.

Die Zigeuner-Siguiriya[21] beginnt mit einem furchtbaren

Schrei[22] – einem Schrei, der die Landschaft in zwei gleiche Hemisphären teilt; danach hält die Stimme an, um einem gemessenen Schweigen den Vorrang zu lassen, einer Stille[23], darin das heiße Lilienantlitz aufleuchtet, welches die Stimme am Himmel hinterlassen hat[24]. Danach beginnt die wellende und in einer andren als der Bachschen Richtung unaufhörliche Melodie. Bachs unendliche Melodie ist rund, die Phrase könnte dauernd in Kreisrichtung wiederholt werden; doch die Siguiriya verliert sich in horizontaler Richtung, sie entschlüpft den Händen, und wir sehen sie nach einem Punkte gemeinsamen Wunsches[25] und vollkommener Leidenschaft sich entfernen, wo es der Seele nicht gelingt, das Schiff zu verlassen.

Eines der größten Wunder des Cante Jondo sind – abgesehen von seiner essentiellen Melodik – seine Gedichte.

Unendliche Tönungen des Schmerzes und der Pein wesen, in den Dienst des reinsten und genauesten Ausdrucks gestellt, im Grunde der Drei- und Vierzeiler der Siguiriya und ihrer Abkömmlinge[26].

Es gibt in Spanien nichts, aber auch gar nichts Ähnliches an Stilisierung, Ambiente und genauem Gefühlsmaß.

Die Metaphern, die unsre andalusischen Gesänge anfüllen, bewegen sich fast immer in ihrer Bahn; zwischen den geistigen Gliedern der Verse besteht kein Mißverhältnis, und es gelingt ihnen stets, sich unsres Herzens ein für allemal zu bemächtigen.

Man bestaunt und bewundert die seltene Vollständigkeit, womit der anonyme Volksdichter den Extrakt der höchsten Gefühlsmomente des menschlichen Lebens gibt. Wir haben Coplas[27], in denen das lyrische Erzittern an einen Punkt gelangt, den nur die allerwenigsten Dichter erreichen.

Den Mond umringt ein Nebel,
mir starb die Liebste.

Diese zwei volkstümlichen Verse enthalten viel mehr Geheimnis als alle Dramen Maeterlincks. Ein einfaches und reales, ein sauberes und gesundes Geheimnis ohne düstere Wälder und steuerlose Barken: das immerwährende Rätsel des Todes.

Den Mond umringt ein Nebel,
mir starb die Liebste.

Mögen die Coplas nun aus dem Herzen der Sierra, aus dem Sevillaner Orangenhain oder von den harmonischen Mittelmeerküsten kommen – immer haben sie einen gemeinsamen Boden: die Liebe und den Tod . ., aber eine Liebe und einen Tod, welche durch die Sibylle hindurch gesehen sind, diese so orientalische Gestalt, Andalusiens wahre Sphinx.

In der Tiefe aller Gedichte west die Frage, aber die schreckliche Frage, auf die es keine Antwort gibt. Unser Volk kreuzt die Arme, während es die Sterne betrachtet, und wird immer vergeblich das rettende Zeichen erhoffen. Das ist eine pathetische aber wahrhaftige Gebärde. Das Gedicht stellt entweder ein Problem, das unmöglich der Wirklichkeit entspricht, oder löst es mit dem Tode, der die Frage aller Fragen ist[28].

Die meisten der Gedichte unsrer Gegend (mit Ausnahme vieler in Sevilla entstandner) haben die eben erwähnten Kennzeichen.

O Sphinx beider Andalusien!

Sollst an meine Türe klopfen,
soll nicht kommen, dir zu öffnen,
und du sollst mich weinen hören.

Die Verse verbergen sich hinter einem undurchdringlichen Schleier und schlummern in der Hoffnung auf einen Ödipus, der da kommen wird, um sie zu enträtseln, damit sie erwachen und wieder in die Stille eingehen . .

Die Pathetik ist das ausgeprägteste Kennzeichen unsres Cante Jondo. Während nun viele Gesänge unsrer Halbinsel die Landschaften, in denen sie gesungen werden, in uns heraufzubeschwören vermögen, singt der Cante Jondo wie eine auglose Nachtigall; er singt blind, und darum bewegen sich seine Texte und seine uralten Melodien am schönsten in der Nacht – in der azurnen Nacht unsrer Felder.
Die Fähigkeit zur plastischen Evokation, die mit vielen spanischen Volksliedern innig verbunden ist, nimmt ihnen jedoch die Intimität und Tiefe, die den Cante Jondo erfüllen.
Der Cante Jondo singt immer in der Nacht. Er hat nicht Morgen, nicht Abend, nicht Berge, nicht Ebenen. Er hat nur die Nacht, eine weite, profund bestirnte Nacht. Er braucht nichts andres.
Er ist ein Gesang ohne Landschaft und darum in sich selbst zusammengefaßt, und furchtbar inmitten des Dunkels schnellt er seine Goldpfeile ab, die sich in unser Herz bohren. Inmitten des Dunkels ist er ein gewaltiger blauer Bogenschütze, dessen Köcher sich niemals erschöpft[29].

Die Frau, Herz der Welt und unsterbliche Beherrscherin ›der Rose, der Leier und des harmonischen Wissens‹, erfüllt die unendlichen Bereiche der Gedichte. Die Frau im Cante Jondo heißt *Pena*, Pein[30].
Es ist bewunderungswürdig, wie ein Gefühl durch die lyrischen Gefüge hindurch allmählich Form annimmt und wie es nach und nach in etwas fast Körperlichem sich vergegenständlicht. Genauso ist es mit der Pein[30].
In den Coplas wird die Pein zu Fleisch und Blut, nimmt menschliche Gestalt an und offenbart sich in einer bestimmten Linie. Sie ist eine dunkelbraune Frau, die Vögel mit Netzen aus Wind jagen will.

Alle Gedichte des Cante Jondo sind von einem großartigen Pantheismus; er befragt die Luft, die Erde, das Meer, den Mond und so einfache Dinge wie den Rosmarin, das Veilchen und den Strohschober. Alle äußeren Objekte werden ausgeprägte Persönlichkeiten, ja Gebilde, die an der lyrischen Aktion tätigen Anteil nehmen[31].

Was sich aber als staunenswerte und merkwürdige Realität in den Gedichten des Cante Jondo bekundet, ist die seltsame Verkörperlichung des Windes, die viele Coplas zuwege gebracht haben[32].

Der Wind ist die Persönlichkeit, die in den letzten Gefühlsmomenten auftritt; er erscheint wie ein Riese, der damit beschäftigt ist, Sterne herunterzureißen und Nebel zu zerstreuen, aber in keinem volkstümlichen Gedicht habe ich je gesehen, daß er so spricht und tröstet wie in den unsren.

Das ist eine köstliche Eigenheit der Gedichte, die mit dem unbeweglichen Propeller der Windrose verwickelt sind.

Ein andres ganz besondres Thema, das sich in sehr vielen Liedern unendlich oft wiederholt, ist das Thema der Wehklage . .

In der Zigeuner-Siguiriya, dem vollendeten Gedicht der Tränen, weint die Melodie wie die Verse weinen. Da gibt es in den Hintergründen verlorene Glocken und Fenster, die beim Morgenanbruch geöffnet sind[33]. Diese Gedichte haben eine unverwechselbare volkstümliche Würde, und gerade sie passen nach meiner Auffassung am besten zu der melancholischen Pathetik des Cante Jondo.

Ihre Melancholie ist so unwiderstehlich und ihre aufwühlende Kraft so profiliert, daß sie in uns allen wirklich echten Andalusiern eine innere Wehklage erzeugen, eine Klage, die den Geist reinigt, indem sie ihn zum entflammten Zitronenhain der Liebe führt.

Genauso wie in der Siguiriya und ihren Töchtern die ältesten Elemente des Orients sich finden, genauso nimmt man auch in den Gedichten, die sich des Cante Jondo bedienen, die Verwandtschaft mit den ältesten orientalischen Liedern wahr.

Wenn unsre Copla die äußersten Grenzen der Liebe und des Schmerzes erreicht, verschwistert sie sich im Ausdruck mit den großartigen Versen arabischer und persischer Dichter.

Es ist die reine Wahrheit, daß in Córdobas und Granadas Luft Bewegungen und Züge des fernen Arabien geblieben sind, wie es augenscheinlich ist, daß in dem dunklen Palimpsest des Albaicín vergangene Städte heraufbeschworen werden.

Dieselben Themen des Opfers, der grenzenlosen Liebe und des Weines werden von geheimnisvollen asiatischen Dichtern mit demselben Geist ausgedrückt.

Diese Verwandtschaft fällt besonders in Hafis' sublimen, verliebten Ghaselen in die Augen, wo keineswegs seltene Übereinstimmungen sich finden.

Hafis hat in seinen Ghaselen verschiedene Besessenheiten, darunter die exquisite Besessenheit von den Haaren[34]. Viele Lieder unsres einzigartigen Cante Jondo sind ebenfalls von den Haaren besessen und voller Anspielungen auf in Kästchen und Medaillons verwahrte Zöpfe und auf die Stirnlocke, die eine ganze Tragödie hervorruft.

Hafis sagt:

> In deinen schwarzen Haaren ist verfangen
> schon lang mein Herz, seit meiner frühen Jugend;
> und bis zum Tod wird solche süße Bindung
> voll Anmut nicht zerrissen, nicht vergessen.

Und in einer unter vielen Strophen unsres Cante Jondo, einer Siguiriya, heißt es:

Ich trag dir auf, wenn unversehns ich sterbe,
du sollst mit deines Schwarzhaars Flechten binden
mir meine Hände.

Es gibt nichts, was zutiefst dichterischer ist als diese drei Verse, die ein trauriges und aristokratisches Liebesgefühl enthüllen. Und die Lektüre der asiatischen Dichtungen in der Übertragung von Don Gaspar María de Nava hat mich sehr erregt, da sie mir unsre ›zutiefst inneren‹ Gedichte unmittelbar heraufbeschworen haben.

Zweifellos hat die Gitarre viele andalusische Lieder geformt, denn diese haben sich der tonalen Beschaffenheit der Gitarre anpassen müssen. Ein Beweis hierfür ist, daß mit den Liedern, die ohne sie gesungen werden (wie Martinetes und Jillanas[35]), auch die melodische Form völlig wechselt: sie gewinnen etwas wie eine größere Freiheit und einen allerdings unmittelbareren, weniger vorgezeichneten Impetus.

Im Cante Jondo hat die Gitarre sich darauf zu beschränken, den Rhythmus zu markieren und dem Sänger zu ›folgen‹; sie unterstützt die Stimme und muß von dem abhängig sein, der singt.

Da aber die Persönlichkeit des Gitarristen ebenso ausgeprägt ist wie die des Sängers, muß auch er singen, und es entsteht das Falsett[36]: die Erläuterung durch die Saiten. Die ist manchmal von äußerster Schönheit, wenn sie wahr ist; aber bei vielen Gelegenheiten ist sie falsch, albern und voll sinnloser Italianismen, vor allem wenn sie von einem jener ›Virtuosen‹ gegeben wird, welche die Fandanguillos in jenen jämmerlichen Darbietungen begleiten, die Flamenco-Singspiele heißen[37].

Auch das Falsett ist Tradition, und einige Gitarristen wie der großartige ›Niño de Huelva‹ lassen sich nicht nur von der Stimme ihres guten Blutes leiten, sondern sie entfernen sich auch nicht von der reinen Linie und trachten, als vollendete Virtuosen, schon gar nicht danach, ihre Virtuosität zu zeigen.

Ich habe von der ›Stimme ihres guten Blutes‹ gesprochen, denn das Wichtigste, was man für den Gesang und das Spiel haben muß, ist jene Befähigung zur Transformation und Läuterung von Melodie und Rhythmus, die der Andalusier und besonders der Zigeuner hat. Ein Scharfsinn, das Neue und das Beiwerk auszuscheiden, damit das Wesentliche sich abhebt; eine magische Fähigkeit, eine Siguiriya mit absolut tausendjährigem Tonfall zeichnen oder ermessen zu können. Die Gitarre erläutert, aber sie kreiert auch; das ist eine der größten Gefahren des Cante Jondo. Es gibt Augenblicke, in denen ein Gitarrist, der sich hervortun will, das Ergreifende eines Verses oder die Aufwallung eines Schlusses verhunzt.

Es unterliegt keinem Zweifel, daß die Gitarre den Cante Jondo gefügt hat. Sie hat die dunkle orientalische jüdisch-arabische Muse, die uralt ist und deshalb stammelt, vervollkommnet und verinnerlicht. Die Gitarre hat den Gesang verwestlicht und etwas beispiellos und wirklich Schönes aus dem andalusischen Drama gemacht, aus dem Kampf zwischen dem Orient und dem Okzident, die aus dem Bäticum eine Insel der Kultur erschaffen haben[38].

Bevor ich schließe, will ich der unvergeßlichen Sänger gedenken, denen wir es verdanken, daß der Cante Jondo neubelebt auf uns überkommen ist.

Die Gestalt des Sängers befindet sich zwischen zwei großen Linien: dem Himmelsbogen außen und dem Zickzack, der aus seiner Seele aufsteigt.

Wenn der Sänger singt, zelebriert er einen feierlichen Ri-

tus, zieht die alten, schlafenden Wesenheiten ans Licht und schleudert sie in der Hülle seiner Stimme in den Wind.
Er hat ein tiefes religiöses Gefühl für den Gesang. Man singt ihn in den dramatischsten Augenblicken und nie, um sich zu unterhalten – ebensowenig wie bei den großen Leistungen des Stierkampfes –, sondern um zu fliegen, zu entrinnen, zu leiden und dem Alltäglichen höchste ästhetische Atmosphäre zu geben. Die Art bedient sich dieser Menschen, um ihren Schmerz und ihre der Wahrheit entsprechende Geschichte verströmen zu lassen. Sie singen geblendet von einem strahlenden Punkt, der am Horizont zittert. Sie sind sonderbare Leute, einfache Medien, lyrische Gipfel unsres Volkes.
Die Frauen haben Soleares[39] gesungen, eine melancholische, zugängliche Gattung, die der Geist leicht erfassen kann; dagegen haben die Männer die seltsam-wunderbare Zigeuner-Siguiriya bevorzugt und gepflegt, doch nahezu alle sind Märtyrer ihrer unwiderstehlichen Gesangspassion geworden.
Wir wissen genau, daß fast alle an Herzkrankheiten gestorben sind: in Hospitälern, andalusischen Dachkammern, ausgestreckt auf dem Felde oder aus Mitleid in die dunklen Pförtnerbleiben oder die kleinen Vorräume der Schuster aufgenommen.
Denn die Siguiriya ist wie ein Ätzbrand, der die Kehle, die Lippen, die Zunge dessen versengt, der sie singt. Man muß sich gegen ihr Feuer schützen und sie nur zu ihrer Stunde singen.
Ich will hier in tiefer Ergebenheit gedenken:
Romerillos; des innerlich rasenden Mateo; Antonias aus San Roque; Dolores' la Parrala[40]; Anitas aus Ronda und Juan Brevas mit dem Leib eines Riesen und Mädchenstimme[41]; sie alle haben die Soleares und die jungfräuliche

Pein in Málagas Zitronenhainen[41] oder in des Hafens Meernächten unübertroffen gesungen.

Ich will auch an die Meister der Siguiriya erinnern: Curro Pablos; Paquirri; El Curro; Manuel Torres[42]; Pastora Pavón[43]; und an den außergewöhnlichen, wundervollen Silverio Franconetti, den Schöpfer verschiedener Stile und letzten Papst des Cante Jondo, der wie sonst niemand den Sang der Sänge gesungen hat, und dessen Schrei das sterbende Quecksilber der Spiegel zwang, sich in erzitternde Risse zu spalten[44].

Anmerkungen des Übersetzers

1. Lorca: ›des liturgischen Gesangs‹.
2. L.: ›Sarazeneninvasion, welche der Halbinsel zum dritten Mal einen neuen und nun afrikanischen Blutstrom zuführt‹.
3. Tarschisch des Alten Testamentes.
4. L.: ›*In*harmonik‹.
5. *a*temperiert?.
6. Apoggiatura.
7. L.: ›während in Wirklichkeit die Texte ihrer Gedichte assonierte Drei- und Vierzeiler sind‹.
8. L.: ›indischen Gesängen‹.
9. L.: ›*a*temperierten‹.
10. Vgl. L., »Theorie und Spiel des Dämons«.
11. L.: ›mit den Gesängen aus dem Herzen Asiens‹.
12. L.: ›Ziemlich viele Autoren‹.
13. L.: ›Paris, 1840‹.
14. L.: ›*in*harmonischen‹.
15. de Falla: ›C. Musical E.‹.
16. L.: ›Chaharmonismo‹.
17. L.: ›Genau dieselben Eigenschaften haben manchmal auch einige andalusische Lieder, die . . entstanden sind . .‹.
18. L.: ›. . unabhängig von ihren Entsprechungen zu den heiligen Gesängen . .‹.
19. Vgl. S. 26.
20. L.: ›insación‹, im spanischen Text mit (?) versehen, vielleicht ›sensación‹.
21. Vgl. S. 7/15.
22. Vgl. S. 9, 11, 23, usw.
23. Vgl. S. 12.
24. Vgl. S. 39.
25. Vgl. S. 14.
26. Z. B. Polos, Martinetes, Soleares.
27. Verse, Strophen, Lieder.
28. Vgl. S. 59, 87.
29. Vgl. S. 31, 39.
30. Vgl. auch »Zigeuner-Romanzen«, ›Romanze von der schwarzen Pein‹ usw.

31. Vgl. auch »Zigeuner-Romanzen« und Anmerkungen dazu.
32. Vgl. auch »Zigeuner-Romanzen«, ›Preciosa und der Wind‹ usw.
33. Vgl. S. 25.
34. S. 68, 69; vgl. auch »Die dramatischen Dichtungen« usw.
35. In den Bedingungen des 1. Cante-Jondo-Wettbewerbs, Granada, Juni 1922, werden angegeben: Martinetes, Carceleras, Tonás, *Livianas,* alte Saetas.
36. Vgl. S. 48.
37. de Falla: »Der ehemals hieratische, ernste Gesang ist zum heutigen lächerlichen ›Flamencotum‹ entartet«.
38. de Falla spricht auch von einem »toque jondo«, einem »tiefinnern« Gitarre-»spiel« und unterscheidet zwischen morisker (melodischer) und lateinischer (harmonischer) Art mit der Gitarre zu begleiten und sie zu spielen.
39. Vgl. S. 17/28 (Soleares ist Plural von Soleá) und »Zigeuner-Romanzen«.
40. Vgl. S. 59.
41. Vgl. S. 58 (als Freund Alfons' XIII. bei Hof zugezogen).
42. Vgl. S. 55 und »Theorie und Spiel des Dämons«.
43. Vgl. »Theorie und Spiel des Dämons« (»La Niña de los Peines«).
44. Vgl. S. 57.

Nachwort des Übersetzers

I

Auf Fronleichnam 1922 erschien in Granada eine Broschüre ›Der ‚Cante Jondo', seine Ursprünge, seine Werte, sein Einfluß auf die europäische Musik‹, ohne Namen des Verfassers herausgegeben vom ›Centro Artístico de Granada‹, welches das erste ›Fest des Cante Jondo‹ mit Unterstützung der Stadtverwaltung veranstaltete. An der Durchführung waren Manuel de Falla und sein Schüler Federico García Lorca maßgebend beteiligt.

Im Jahre 1950 veröffentlichte Federico Sopeña de Fallas ›Schriften über Musik und Musiker‹ (Colección Austral, Buenos Aires-Madrid); sie enthalten als Anhang den Manuel de Falla zugeschriebenen Text des Cante-Jondo-Heftchens.

Wenige Jahre später fand Marie Laffranque in alten Zeitungen (›El Noticiero Granadino‹ vom Februar 1922; ›El Defensor‹, Granada, 2. April 1932; ›ABC‹, ›El Liberal‹, ›El Noticiario›, alle drei Sevilla, 31. März 1932) Teile von Berichten über einen Vortrag Lorcas, den er am 19. Februar 1922 zum ersten Male unter dem Titel ›El Cante Jondo‹ in Granada und nach Jahren überarbeitet und unter dem Titel ›Arquitectura del Cante Jondo‹ (in Cádiz?) gehalten hat. Diesen Berichten – Beispielen gewissenhafter und kultivierter Journalistik – verdanken wir auch die Fragmente der Vortragsniederschriften. Sie sind auf den Seiten 95–112 unter dem Titel des ersten Vortrags zusammengefügt. Dabei waren Kürzungen geboten, um Wiederholungen, Weitläufigkeiten im Rahmen dieses Buches zu vermeiden. Die Fragmente beweisen, daß Manuel de Falla die Cante-Jondo-Broschüre verfaßt hat:

Lorca stützt sich eindeutig auf de Fallas musikwissenschaftliche Studien, wenngleich er seines Meisters Bemerkungen zur Gitarre nicht übernimmt; und er zitiert ihn häufig wörtlich. Die wörtlich angeführten Passus habe ich in » « gesetzt, über sie hinausgehende Wiedergaben wichtiger de Fallascher Darlegungen mit [ ] gekennzeichnet, Abweichungen angemerkt. Herr Professor Wolfgang Fortner hat mehrere auffällig einander widersprechende musikalische Fachbegriffe auf meine Bitte hin mit mir zusammen zu klären versucht, und ich danke ihm hier noch einmal herzlich für seine Ummühung. Es mögen auch Fehler in Abschriften oder Irrtümer beim Satz mitspielen, an denen alle Ausgaben von Lorcas Werken in spanischer Sprache nicht arm sind; und während ich diese Zeilen schreibe, erhalte ich von Doña Concepción García Lorca – einer Schwester des Dichters – nicht nur die Bestätigung meiner Auffassung darüber, daß es auf Seite 109, Anmerkung 35, statt ›Jillanas‹ ›Livianas‹ heißen muß . .

II

Der Cante Jondo, meint ein andalusischer Schriftsteller, scheine den Tiefen, *pro-fundidades,* eines Grabes zu entsteigen. Das andalusische *jondo* ist das kastilische *hondo* = tief, lateinisch *fundus, pro-fundus.* Auch Lorca gebraucht es so; er spricht in seinem Vortrag einmal sogar von *jondísimo,* zutiefst, und benutzt *jondo* des öfteren in den Gedichten, zum Beispiel in der *›Malagueña‹* (Seite 67), wo das ›tiefinnere Spielen‹ der Gitarre, der *Toque Jondo,* mit der zweiten Strophe zum dichterischen Bild wird. Der aus dem tiefsten Innern gerissene Cante Jondo ist wohl am besten mit ›tiefinnerem Sang‹ zu übersetzen. Doch legt ihn Máximo José Kahn, ehemaliger Gesandter der Spanischen Republik in Athen, anders aus. Es freut mich, im

Zusammenhang mit Quellen der andalusischen Kultur und deren von de Falla–Lorca betonten Einflußsphären in Europa, Máximo José Kahns Gedanken, die er in ›Hora de España‹, III, 1937, entwickelt hat, deutschsprachigen Lesern vermitteln zu können:

›Cante *Jondo* ist eine Entstellung des hebräischen Wortes Cante *Jom tob* (tow), und das bedeutet *Festtags*gesang; der Spanier des Mittelalters sprach das j auf die galicische (Landschaft Galicia) und portugiesische Weise aus, und der Sepharde hat diese Aussprache beibehalten. Den Übernamen *flamenco* haben Spaniens heimliche Hebräer erfunden, um damit die Gesänge zu bezeichnen, die ihre nach Flandern (kastilisch *Flandes*; *flamenco* = Flame, flämisch) ausgewanderten Glaubensgenossen ohne Furcht vor den Sbirren der Inquisition anstimmen konnten. Die ausgeprägteste Form des hebräischen Cante *Jondo* ist die Saeta, eben die Saeta, welche die Sänger in der andalusischen Karwoche singen. Sie ist der Gesang, den der reuige jüngst Neuchrist gewordene Sepharde vortragen mußte, und den die spanischen Juden noch heute in ihrem Gottesdienst ertönen lassen, vor allem am Vorabend des *Jom Kippur*, des Versöhnungstages.‹

Jedenfalls steht der orientalische Einfluß nicht nur auf den Cante Jondo fest, und da auch von Felipe Pedrell auf Übertragung byzantinischer Zivilisationselemente mittels liturgischer Formeln hingewiesen wird, möchte ich nicht unterlassen, zwei hierüber ungemein belehrende Verse Lorcas hervorzuheben; sie finden sich als Schluß des Martyriums der heiligen Eulalia in den ›Zigeuner-Romanzen‹:

Alle Seraphim und Engel
rufen: Heilig! Heilig! Heilig!

So schließen wörtlich auch die Illationen des mozarabischen, von Byzanz beeinflußten Ritus, wobei das Dreimalheilig lateinisch und griechisch gebetet wird, und dieses Dreimalheilig erinnert wiederum an hebräische Gebete *(Kaddisch).* (Mit mozarabisch wurden die Christen unter maurischer Herrschaft bezeichnet; es bedeutet etwa ›arabisierte Staatsbürger christlichen Glaubens‹.)

Auf Seite 109 zitiert Lorca den originalen metrischen Text einer Siguiriya; ich möchte zwei nach der regionalen Aussprache geschriebene originale Saetas zeigen:

1. Míralo por dónde viene
er Jesú der gran podé!:[1]
a cada paso que da
nace un lirio y un clavé.

2. Míralo por dónde viene
er mejó de los nasíos!:
los ojos esparpitaos
y el rostro descolorío.

1. Sieh doch nur, woher er kommt,
Jesus mit der großen Macht!:[1]
jedem Schritt von ihm entsprießt
eine Lilie, eine Nelke.

2. Sieh doch nur, woher er kommt,
er, der Beste der Geborenen!:
beide Augen weit geöffnet
und mit totenbleichem Antlitz.

1. ›Jesus mit der großen Macht‹ ist auch der Name jener berühmten Sevillaner Bruderschaft, für die der Bildhauer Juan de Mena den gleichnamigen Christus schuf. (Abgebildet auf S. 144 in José Ortiz Echagüe ›España Mística‹, Madrid 1943.)

Betrachten wir noch einmal den Vortrag über die Ursprünge des Cante Jondo, die Gedichte vom ›tiefinnern Sang‹ – besonders die Saeta, Seite 37 –, die ›Zigeuner-Romanzen‹ – besonders ›Preciosa und der Wind‹ und ›Somnambule Romanze‹ – , ›Die dramatischen Dichtungen‹: überall finden wir Abwandlungen nicht nur der Saeta auf einer andren Ebene; überall sehen wir die Auswirkungen eines religiösen und kulturellen Synkretismus; wir sehen die Zentren, in denen große und großartige Strömungen sich überschnitten haben; wir sehen einmal mehr, daß die ›Folklore-Gebilde‹ Lorcas mit Volks- und Brauchtümelei nichts zu tun haben.

In seinem Versuch über ›L'Univers poétique‹ Lorcas (Bordeaux/Paris, 1952) sagt J.-L. Flecniakoska mit Recht: ›García Lorca, literarisch fein gebildet und ein empfindsamer Musiker, hat alle Hilfsmittel der spanischen Sprache in den Dienst seines Gedankens und seines Ausdrucks zu stellen verstanden; er hat seine Gedichte *gebaut*, er hat sie gezimmert, er hat sie nach der Eurhythmie einer *bewußten* Architektur entwickelt und mit kostbaren Zierden, mit Fiorituren geschmückt. Man tut gut daran, sich an erster Stelle zu merken, daß sein zwar verhältnismäßig begrenztes, aber durch *Auslese* ausdrucksvolles Vokabular von allem *abstrahiert*, was der Sprachschatz der andalusischen Folklore bietet, welche so häufig von solchen Schriftstellern passend und unpassend verschlissen wird, die darin eine leichte Möglichkeit finden, regionales Schrifttum zu machen.‹

Diesem Urteil ist nichts hinzuzufügen; kluge, musische Menschen erwarten ohnehin keinen Heimaterzähler von provinzieller Mentalität und mit kleinbürgerlich-zerschliffner Diktion.

›Dichtung vom Cante Jondo‹ ist ebensowenig eine

Sammlung originärer Verse wie der ›West-östliche Divan‹. Sie ist die Be-dichtung eines mit Menschen, Leidenschaften, Konflikten, Gebräuchen, Versen, Liedern, Tänzen, Pflanzen, Tavernen, Tieren, Geräten, Leben, Tod erfüllten Ambientes; Bedichtung von Sängern und (oft von Lorca personifizierten) Gesängen, Instrumenten, Tönen, Gefühlen. Um seinem Wort Rhythmen des Cante Jondo zu verbinden, hat Lorca metrische Gefüge hörbar gelockert, nie aber aufgelöst; die poetische Strukturqualität dieser zum Teil musikantisch-dramatisch gesprochenen Dichtungen ist romanisch gemessen, erwogen – ihr Fundament aus alter, dauerhafter Mischung trägt auch die Bauelemente der Moderne.

III

Ich möchte noch einige Auskünfte geben dürfen:

S. 7, *Zigeuner-Siguiriya* (Seguirilla, Siguirilla): Das als Segui*d*illa bekannte Tanzlied ist nicht identisch mit der Zigeuner-Siguiriya. Die Segui*d*illa gehört nicht zum (auch Cante *Grande* genannten) Cante Jondo, sondern zum Cante *Chico*, zum ›Kleinen Gesang‹. Eine Bezeichnung mit ›Zigeuner-Segui*d*illa‹ ist widersinnig.

S. 9, die vier letzten Verse: Die Töne der Siguiriya ›verfangen sich im Olivenhain wie ›Vögel‹, deren ›lange, lange Schwänze‹, die ›langen‹ Schreie und gezognen Schlüsse, sich ›im Düstern regen‹. Eine Übersetzung der ›langen Schwänze‹ mit ›großen Schwingen‹ ist falsch.

S. 10, die zwei letzten Verse: Die Gitarre ist das von den fünf Fingern des Spielers wie von fünf Schwertern verwundete Herz. (Sieben Schwerter im Herzen der Mater Dolorosa!)

S. 12, vierter Vers: Durch die dem Schweigen folgende

Stille gleiten Täler und ›Echos‹ *von* Tönen, Empfindungen, Vorstellungen. Eine Übersetzung von ›Echos‹ mit ›Antworten‹ ist falsch. Durch die Stille gleiten keine Antworten *auf* irgend etwas.

S. 17, Soleá (Mehrzahl *soleares*): Eine Wiedergabe von *Soleá* mit dem kastilischen Sole*dad* (Mehrzahl sole*dades*) ist zwar nicht falsch, gilt aber als affektiert.

S. 21, die Refrains: Als Ideogramme gesetzt – Kreuz, Dolch. (Vgl. FGL ›Enthauptung des Täufers‹ in ›Granada und andere Prosadichtungen‹; ebendort auch Abbildung eines Ideogrammes von Apollinaire; berühmtes Ideogramm in Rabelais' ›Gargantua und Pantagruel‹).

S. 29, *Saeta:* = Pfeil; daher die ›Bogenschützen‹, ›Pfeile und Köcher‹ und so weiter. (Siehe zum Beispiel ›Sevilla‹, S. 33; ›Morgenanbruch‹, S. 39.)

S. 35: ›Einhörner‹; die *Penitentes*, die ›Büßer‹ der Bruderschaften, tragen hohe kegelförmige Spitzhüte wie ehedem Inquisitionsopfer, ›Astronomen‹, Zauberer (›Merline‹!) – daher das Bild von den ›Einhörnern‹. ›Durandarte‹: Rolands Wunderschwert; der als Schlußvers folgende italienische Originaltitel von Ariosts ›Rasendem Roland‹, *Orlando Furioso*, läßt kaum auf Cervantes' Figur des Durandarte aus dem ›Don Quijote‹ schließen.

S. 36: *Paso* ist die große, figuren- und schmuckreiche Tragbühne, auf der hier die ›Jungfrau mit Krinoline durch den schmalen Fluß der Straße zieht‹, wobei Saetas wie Stoßgebete gesungen werden.

S. 39, Strophe 3, Verse drei und vier: Nicht nur Tau schlechthin – auch der ›lindernde Tau der Gottheit‹ sänftigt die erregten Seelen, die ›Köcher‹ mit ihren ›Pfeilen‹, den Saetas.

S. 41, *Petenera:* Gehört nach de Falla nicht zur ureigentlichen Cante-Jondo-Gruppe, wie Polos, Martinetes, Soleares, sondern zur ›moderneren‹ der *Flamencos,* wie Malagueñas (S. 67), Granadinas, Rondeñas, Sevillanas. Es versteht sich, daß die ernsthaft ausgeführten *Flamencos* und das Unterhaltungs-Flamencotum Gegensätze sind. (Den Ableitungen vom Cante Jondo ist auch die von de Falla nicht behandelte, aber von Lorca in ›Theorie und Spiel des Dämons‹ angeführte *Debla* zuzuzählen.)

S. 43 und 50, der zweite Vers: Die ›Glockentöne öffnen sich‹ wie Blüten. Die zwei letzten Verse: Der Wind bläst in den hellen Staub, der dadurch wie ›silberne Schiffsbüge‹ aussieht und schnell dahinfährt.

S. 46, Vers 6: ›Jasmingewinde‹ – im Originaltext *biznagas,* bedeuten kastilisch Pasternaken, andalusisch aber in unsrem Gedicht Jasminzweige, die (bisweilen schneeballförmig) um hohe Kämme gewunden werden. In der französischen Übersetzung werden die *biznagas* nur mit ihrer kastilischen Bedeutung wiedergegeben, also französisch *visnages* = Pasternaken, wodurch das bezeichnende Jasmingezweig leider entfällt. Lorcas Bruder Francisco hat meine Übertragung als richtig anerkannt.

S. 48, *Falsett:* Hier erzählt und kommentiert die Gitarre (Falsett!) das Begräbnis der (personifizierten) Petenera.

S. 62, Verse eins und zwei: Mit dieser Metapher erscheint vor unsrem Auge nebst der Gorgo Medusa die nach ihr benannte Qualle, deren Glocke mit Bewegungs- und Fangfäden einer Hand mit sich krümmenden Fingern ähnlich ist. (Vgl. ›Theorie und Spiel des Dämons‹: ›. . der Wind, der nach Medusenschleier riecht . .‹.)

S. 63: *Memento* etwa mit ›Gebet‹ zu übersetzen ist peinlich und falsch.

S. 68, die letzten zwei Verse der ersten Strophe: ›Sechs Nachtigalln . .‹ – die sechs Saiten der Gitarre.

S. 75, ›Klapperholz‹ = Lorcas *crótalo (castañuela, pa-*

lillo) = Kastagnette. Mit Klapperholz wird auch der scharfe Rhythmus erhalten, den Lorca beiden andren rhythmisch minder scharfen, wiewohl viel geläufigeren Ausdrücken vorgezogen hat. (Die Kastagnette dürfte ihren Namen übrigens weniger der Form der Kastanie verdanken, sondern eher dem *Ton*, den ihre beim Rösten platzende Schale hervorbringt.) Weil das erlesene poetische Wort *crótalo* auch Klapperschlange bedeutet, ist jemand auf die erheiternde Übersetzung verfallen, welche die Bedichtung des antiken Lärminstrumentes folgendermaßen und in biederer ›volkstümlicher‹ Sprache zubereitet: ›Die Klapperschlange. – Crótalo, klappert die Schlange, die Schlange. / Hingekräuselt, wie's Gewebe einer Spinne / sonnst du dich in der warmen Luft, / und erschreckst und ängstigst durch den Triller deines Geklappers; / Crótalo, klappert die Schlange, die Schlange, Crótalo!‹ Den Begriff Cante Jondo mit dem operettenhaften ›Der Zigeunersänger‹ vertauschend, hat der tüchtige Übersetzer sieben Gedichte aus dem Cante Jondo in ähnlicher Machart und mit Musik durch einen deutschen Rundfunk senden lassen.

S. 76: Die bizarr geastete Opuntie macht auf Lorca nicht nur den Eindruck eines durch viele Arme siegreich sich wehrenden Laokoon, sondern sieht auch aus wie ein *Pelotari* = Baskenballspieler, und zwar wie viele Baskenballspieler mit vielen bewegten Armen in einem. Daphne, die Apoll ausschlug und zum Schutz vor dessen Nachstellungen von ihrem Vater in Lorbeer verwandelt wurde, und Attis, der, Kybele untreu, von ihr aus Rache wahnsinnig gemacht, sich selbst entmannte, ›verstehen‹ des erstarrten, seinem Tun entrissenen Opuntie-Pelotari Trauer.

Die szenifizierten Gedichte.

S. 81, Zeile 16 ff.: ›Romeo und Julia‹ heißt eine spanische Zigarrenmarke mit entsprechendem Bild. Daher die ironisierende Assoziation, die aus gleichem Anlaß und mit gleicher Technik auch James Joyce hätte entfalten können. ›Lauf eines Gewehrs voll unterseeischer Schatten‹ – das Abgründige, Düstre, Schauerliche, welches in der ›Seele‹ des Laufs lauert wie das Ungeheuer in der Tiefe des Meeres. Ganz ohne Zweifel hat Lorca auch die einfache und zumeist absichtlich mißdeutete Gleichnishaftigkeit der submarinen Ungeheuer desselben Lautréamont erkannt, dem er vom ›Dämon‹ Augen eines ›toten Fischs‹ einsetzen läßt, und dessen Werk er schon 1918, in einem Kapitel seiner ›Eindrücke und Landschaften‹, berührt.

S. 82, Zeile 23: Turm aus Zimt – einen wundervollen Turm.

S. 83, dritte Strophe, erster Vers: Die ›Zivilen‹, die Zivilgardisten, sind, just während sie den kleinen Zigeuner prügeln, nicht zivil im Sinne von gesittet; *civil* hat einen (hier sarkastischen) Doppelsinn: es bedeutet auch das Gegenteil von gesittet, nämlich niederträchtig.

S. 85: *(El) Amargo* = (der) Herbe, Bittere, Schroffe; Name. (Vgl. ›Zigeuner-Romanzen‹, ›Romanze vom Vorbestimmten‹.)

S. 87, Zeilen 23 und 24: Ein akustisches Bild. Mit ihren Zirp- und Quaktönen errichten die Tiere das immaterielle ›Lusthäuschen‹, in das ›die ganze Nacht sich zur Ruhe begibt‹ wie ›unter einem Schirm von Geräuschen‹. (Vgl. ›Das dichterische Bild bei Don Luis de Góngora‹.)

Ich wage zu hoffen, mit diesen und allen andren Angaben nicht nur dem Einhorchen in den einzigartigen Cante Jondo, sondern darüber hinaus dem objektiven Mitdenken über des Dichters und seiner Dichtungen Bedeutung und einem

Erschließen seiner unkonventionellen Bildphantasie im bescheidenen Umfang meiner Kräfte gedient zu haben.

Roquebrune-Cap Martin, im Juli 1956, zwanzig Jahre nach des Dichters Ermordung. E. B.

Zur dritten Auflage

Ich habe einige Verse überarbeitet und der Bitte des Verlages, das originale ›Cante Jondo‹ anstatt der Übersetzung ›tiefinnerer Sang‹ zu verwenden, zugestimmt.

Basel, Dezember 1966. E. B.

Inhalt

Zeittafel

1898	geboren am 5. Juni in Fuente Vaqueros
1905	Almería. Besuch des Colegio der Piaristenväter
1917	Granada, Studium
1918	*Impresiones y paisajes.* Madrid. Studium
1919	Läßt sich in Madrid nieder. *El maleficio de la mariposa*
1921	*Libro de poemas*
1922	Die *Primeras canciones* entstehen
1925	*Mariana Pineda* (deutsch: *Mariana Pineda*)
1927	*Canciones*
1928	*Romancero gitano*
1929/30	USA. Studien an der Columbia Universität in New York. *La Zapatera prodigiosa* (deutsch: *Die wundersame Schustersfrau*)
1931	*Poema del cante jondo* (deutsch: *Dichtung vom tiefinnern Sang*); *Amor de Don Perlimplín con Belisa en su Jardin* (deutsch: *In seinem Garten liebt Don Perlimplín Belisa*); *Así que pasen cinco años* (deutsch: *Sobald fünf Jahre vergehen*) Gründung der Theatertruppe »La barraca« mit Eduardo Ugarte
1933/34	Argentinien. *Bodas de Sangre* (deutsch: *Bluthochzeit*); *Yerma* (deutsch: *Yerma*)
1935	*Doña Rosita la Soltera, o el lenguaje de las flores* (deutsch: *Doña Rosita bleibt ledig oder Die Sprache der Blumen*)
1936	*La Casa de Bernarda Alba* (deutsch: *Bernada Albas Haus*) »Llanto por Ignacio Sánchez Mejías«, »Klage um Ignacio Sánchez Mejías« (deutsch in: *Gedichte*) Am 19. August von Falangisten erschossen
1940	*Divan del Tamarit; Poeta en Nueva York* (deutsch: *Dichter in New York*)
1957	*Obras Completas*, Madrid

Von Federico García Lorca
erschienen im Insel Verlag

Briefe an Freunde
Briefe, Interviews, Äußerungen über Dichtung und Theater. Aus dem Spanischen von Enrique Beck. Mit Anmerkungen und Quellenhinweisen des Übersetzers. Leinen. 272 Seiten.

Dichtung vom Cante Jondo
Deutsch von Enrique Beck. Neuauflage von ›Dichtung vom tiefinnern Sang‹. Leinen. 130 Seiten.

Die dramatischen Dichtungen
Aus dem Spanischen von Enrique Beck. Text nach den kritisch bereinigten Madrider Ausgaben. Leinen. 448 Seiten. – *insel taschenbuch* 3. 448 S.

Dichter in New York
Spanisch und Deutsch. Übersetzung von Enrique Beck. Pappband. 136 Seiten.

Werke in drei Bänden
Ausgewählt und übertragen von Enrique Beck. Leinen. 1500 Seiten.

st 822 Marcel Proust
Sodom und Gomorra
Auf der Suche nach der verlorenen Zeit
Vierter Teil
Deutsch von Eva Rechel-Mertens
2 Bände, zus. 724 Seiten
»Von der Erfahrung Prousts in Deutschland verspreche ich mir Entscheidendes, nicht im Sinne der Nachahmung, sondern in dem des Maßstabes. ... Angesichts des desorientierten Zustandes der deutschen Prosa, wenn nicht der Krisis der Sprache überhaupt, ist Rettendes zu hoffen von der Rezeption eines Dichters, der das Exemplarische vereint mit dem Avancierten.«
Theodor W. Adorno

st 823 Sylvia Beach
Shakespeare and Company
Ein Buchladen in Paris
Aus dem Amerikanischen von Lilly v. Sauter
Mit Abbildungen
248 Seiten
»*Shakespeare and Company* ist kein gelehrtes Buch, es ist ein ganz persönlicher Bericht. In Sylvia Beachs Erinnerungen kommen nahezu alle vor, die in den zwanziger Jahren eine Rolle spielten, und Sylvia Beach zählte sie alle zu ihren Bekannten.« *The New Yorker*

st 824 Erik H. Erikson
Lebensgeschichte und historischer Augenblick
Übersetzt von Thomas Lindquist
296 Seiten
Die Frage, um die es Erikson in diesem Buch geht, lautet: Psychoanalyse – Anpassung oder Freiheit? Erikson plä-

diert für eine Form von Adaption, die den Patienten befähigt, die Realität so zu sehen, wie sie ist, was nicht bedeutet, sie in ihrer Faktizität einfach hinzunehmen. Eriksons »goldene Regel« für seine eigene Praxis ist ein Begriff von Anpassung, der auf Gegenseitigkeit und Anerkennung basiert.

st 825 Volker Erbes
Die blauen Hunde
Erzählung
190 Seiten
Die blauen Hunde erzählt die Geschichte einer Krankheit. Scheinbar unangekündigt trifft sie eine junge Frau. Die Vorgeschichte zeigt, daß die Formen ihres Wahns nicht zufällig sind oder abstrus, sondern bis in die absonderlichen Details biographisch bestimmt. Auch der Erzähler, der ehemalige Freund dieser Frau, wird von dem Wahn, der der Wahn einer Epoche ist, erfaßt. Indem er ihre Geschichte erzählt, entdeckt er betroffen die Rolle, die er darin spielt.

st 826 Phantasma
Polnische Geschichten aus dieser und jener Welt
Herausgegeben und übersetzt von Klaus Staemmler
Phantastische Bibliothek Band 77
282 Seiten
Zwanzig Erzählungen von neunzehn Autoren stellt dieser Band vor, utopische und phantastische Geschichten, heitere und ernste, amüsante und besinnliche; Spekulationen über die Zukunft stehen neben satirischen Seitenhieben auf die wenig vollkommene Gegenwart. Und es gibt auch gar schauerliche, diabolische und unheimliche Geschichten.

st 828 Hermann Lenz
Die Begegnung
Roman
204 Seiten
»Ein wundersames und wunderbares Buch . . . ein Roman, der ganz unwichtig tut und doch voll Weisheit ist; der beiläufig erzählt wirkt und doch Existentiellem auf den Grund geht; der in geschichtlicher Zeit spielt und uns die eigene Zeit und unsere eigene Zerrissenheit besser wahrnehmen läßt.« *Deutsche Zeitung*

st 829 Pablo Neruda
Liebesbriefe an Albertina Rosa
Zusammengestellt, eingeführt und mit Anmerkungen versehen
von Sergio Fernández Larraín
Aus dem Spanischen von Curt Meyer-Clason
Mit Abbildungen
338 Seiten
Wer die Memoiren Nerudas gelesen hat, kennt seine Erzählhaltung. Das Schreiben sei für ihn wie das Schuhemachen – und so urpersönlich, sympathisch warm und menschlich ist auch der Ton dieser Briefe. Sie befassen sich mit Zuneigung und alltäglichen Sorgen, mit Hoffnungen und Enttäuschungen.

st 831 Helm Stierlin
Delegation und Familie
Beiträge zum Heidelberger familiendynamischen Konzept
258 Seiten
»Die Beiträge des Bandes verarbeiten eine Fülle von Fallbeispielen und therapeutischen Erfahrungsdaten vor dem Hintergrund der psychoanalytischen Grundannahmen zu einem komplexen System von Hilfestellung für die unterschiedlichsten familiären Konstellationen. Lesenswert für jeden, der an Einsicht in ein komplexes Gefüge von Zusammenhängen interessiert ist.«
Wissenschaftlicher Literaturanzeiger

st 833 J. G. Ballard
Die Tausend Träume von Stellavista
und andere Vermilion-Sands-Stories
Aus dem Englischen von Alfred Scholz
Phantastische Bibliothek Band 79
204 Seiten
Vermilion Sands, ein Wüstenkurort zur Erfüllung der ausgefallensten Träume der gelangweilten Reichen, jetzt Künstlerkolonie für Maler, Literaten, bildende Künstler und Musiker, ist in einem langsamen, aber unaufhaltsamen Verfall begriffen. Dichter drücken lediglich auf die Knöpfe ihrer Computer, die automatisch für sie dichten; tönende Skulpturen wachsen aus dem Boden, und empfindsame Pflanzen reagieren auf die Töne der Musik.

Alphabetisches Gesamtverzeichnis der suhrkamp taschenbücher